Inhalt

Die EG-Öko-Verordnung - ist Bio auch in Zukunft noch drin, wenn Bio drauf steht?

Kernthesen

Beitrag

Fallbeispiele

Weiterführende Literatur

Impressum

Die EG-Öko-Verordnung - ist Bio auch in Zukunft noch drin, wenn Bio drauf steht?

I.Zeilhofer-Ficker

Kernthesen

- Bio boomt auf allen Verkaufskanälen. Zweistellige Umsatzsteigerungen sind an der Tagesordnung.
- Zurückzuführen ist der Trend auf den Verkauf von Bio-Lebensmitteln bei Discountern und in Supermärkten, die den Mindeststandards der EG-Öko-Verordnung entsprechen.

- Die EG-Öko-Verordnung beschreibt Anforderungen an Produkte, die mindestens erreicht werden müssen, damit sie als Bio-Produkte gekennzeichnet werden dürfen.
- Damit Importe von Bio-Lebensmitteln aus Drittländern vereinfacht werden, soll die EG-Öko-Verordnung nun komplett neu geschrieben werden.
- Kritiker befürchten eine weitere Aufweichung der Öko-Voraussetzungen und Nachteile für den Verbraucher.

Beitrag

Aldi, Lidl und Co. haben Bio-Lebensmittel auch für breite Käuferschichten bezahlbar gemacht. Zuwachsraten in zweistelliger Höhe sind die Folge, an denen nicht nur Produzenten innerhalb der EU teilhaben wollen. Eine neue Öko-Verordnung soll die Marktöffnung vorantreiben.

Der neue Bio-Boom

Nicht nur in Deutschland wird der gesundheitsbewusste Lebensmitteleinkauf mehr und mehr zur Regel. Da Bio-Produkten allgemein das Prädikat gesund zugeschrieben wird, steigt die Nachfrage überall an. So gibt es weltweit schon über 620 000 landwirtschaftliche Betriebe, die nach den Prinzipien des ökologischen Landbaus bewirtschaftet werden und gesunde Bioprodukte erzeugen. 31 Millionen Hektar beträgt die Anbaufläche bereits, die meisten davon befinden sich in Australien, China und Argentinien. Der globale Umsatz mit Bio-Produkten dürfte die im Jahr 2004 erreichten 23,5 Milliarden Euro mittlerweile weit übersteigen.

Auch in Deutschland werden Umsatzsteigerungen von über fünfzehn Prozent jährlich vermeldet rund 4,5 Milliarden Euro gaben die Deutschen 2006 für Öko-Produkte aus. 150 000 Arbeitsplätze gibt es in der Branche. Angestoßen wurde der Nachfrageboom von Discountern wie Aldi, Lidl und Co, die eigene Bio-Produktlinien entsprechend den Mindeststandards der EG-Öko-Verordnung zu günstigen Preisen in ihr Sortiment aufgenommen haben und damit wesentlich höhere Gewinne erzielen als mit ihrem konventionellen Lebensmittelsortiment. Bio ist damit für eine breite Käuferschicht erschwinglich geworden, die kaum im Naturkostladen zu finden wäre. (1), (3), (4), (5)

Wesentlich langsamer wächst dagegen der ökologische Landbau in Deutschland nur 807 000

Hektar, 4,7 Prozent der gesamten Anbaufläche, wurden 2005 nach den Bestimmungen der Öko-Verordnung bewirtschaftet. Den Bedarf an Bio-Produkten können die inländischen Erzeuger schon lange nicht mehr decken. Der Anreiz zur Umstellung auf ökologischen Anbau hat mit den sinkenden Fördergeldern abgenommen. Um nur 2,5 Prozent haben die Ökobetriebe im Jahr 2005 zugenommen. 2006 dürften es kaum mehr sein. Das große Geschäft mit dem Bio-Boom machen die Produzenten im Ausland, z. B. in Italien, Osteuropa, Spanien, Türkei und Nordafrika, wo der Öko-Landbau teilweise wesentlich stärker gefördert wird als hierzulande. (1), (2), (4), (5), (6), (7)

EG-Öko-Verordnung Mindeststandards für Billig-Bio

In der Verordnung (EWG) Nr. 2092/91 wurden im Jahr 1991 Mindeststandards für den ökologischen Landbau und die entsprechende Kennzeichnung von Lebensmitteln und landwirtschaftlichen Erzeugnissen festgelegt. Diese als EG-Öko-Verordnung bekannt gewordene Regelung ist die Grundlage dafür, dass in der EG nur Produkte mit dem Wort Bio gekennzeichnet und verkauft werden dürfen, die tatsächlich diesen Anforderungen gerecht werden.

Chemisch-synthetische Pflanzenschutzmittel sind ebenso verboten wie leicht löslicher mineralischer Dünger, gentechnisch veränderte Produkte und die Bestrahlung von Lebensmitteln. Nutztiere sollen möglichst ohne zugekaufte Futtermittel ernährt werden. Ein geschlossener betrieblicher Nährstoffkreislauf soll erreicht werden. Massentierhaltung ist nicht gestattet. (8), (9), (10)

Als Bio dürfen nur Produkte mit einem 95 prozentigen Öko-Anteil verkauft werden. Gekennzeichnet wird Bio seit 2001 mit dem sechseckigen staatlichen Siegel, das vom Bundeslandwirtschaftsministerium an bisher 35 500 Produkte vergeben wurde. Dass die Anforderungen eingehalten werden, wird von staatlichen oder privaten Kontrollstellen regelmäßig geprüft. Der Missbrauch der Kennzeichnung kann mit hohen Geldbußen und Freiheitsstrafen belegt werden. (8), (10), (11), (12)

Noch wesentlich strengeren Regeln sind die Bio-Produkte der ökologischen Anbauverbände wie beispielsweise Demeter, Bioland oder Naturland unterworfen. So sind für Demeter-Produkte beispielsweise nur 25 Zusatzstoffe erlaubt, wogegen die EG-Verordnung 47 erlaubte Stoffe, unter anderem Nitritpökelsalz, listet. Silagefütterung ist für die Mitglieder von Öko-Verbänden nicht gestattet. Für die Fleischproduktion ist hier wesentlich mehr

Freilaufraum pro Tier vorgesehen. Außerdem wird auf eine allgemein positive Öko-Bilanz geachtet. Lange Transportwege müssen daher beispielsweise vermieden werden. (9), (12), (13)

Die EG-Öko-Verordnung gilt auch für alle Produkte, die aus Drittstaaten eingeführt werden. Dazu sind aber bürokratisch aufwendige Einfuhrgenehmigungen erforderlich. Die Kontrolle der Einhaltung der Bio-Anforderungen sind nicht unbedingt transparent und eindeutig. Die geltende Regelung für Importe ist eine Übergangslösung, die schon mehrmals verlängert wurde. (14)

Die neue Version der EG-Verordnung kommt

Im Dezember 2006 haben sich die Landwirtschaftsminister der EU auf eine Überarbeitung der EG-Öko-Verordnung geeinigt. Die unklare und aufwendige Importregelung soll vereinfacht, neuen ausländischen Wettbewerbern der Zugang zum europäischen Markt ermöglicht werden. (8), (14)

Kritik und Bedenken an der Revision kommen von verschiedensten Seiten. So wird eine Aufweichung der

Vorschriften befürchtet, weil beispielsweise Verunreinigungen mit gentechnisch veränderten Produkten bis zu 0,9 Prozent erlaubt sein sollen. Außerdem befürchtet man, dass Produkte aus Drittstaaten künftig nicht mehr so strengen Kontrollen und Prüfungen unterzogen sind und dadurch die Qualität und das Ansehen der Produkte leiden könnte. (14), (16, (16), (17)

Das deutsche Bio-Siegel wird mit der neuen EG-Verordnung wohl auch verschwinden es ist ein einheitliches, staatliches EU-Siegel vorgesehen, das für alle Mitgliedsstaaten verpflichtend sein wird. Strengere private Anforderungen, wie beispielsweise von den Öko-Verbänden praktiziert, werden auch weiterhin erlaubt sein. (8),

Fallbeispiele

Kritiker geben oftmals zu bedenken, dass die breite Öffnung des Marktes für Bio-Produkte zu einem Preisverfall führen könnte, der die hiesigen Öko-Bauern in ihrer Existenz bedroht. Ob diese Bedenken berechtigt sind, hat eine Studie der Universität Bonn untersucht. Das Ergebnis sagt aus, dass sich zwei grundlegend verschiedene Segmente von Bio-Produkten bilden werden. Zum einen sind das für den Normalverbraucher Billig-Bio-Produkte, die bei Discountern und in Supermärkten verkauft werden und nur den Mindeststandards der EG-Öko-Verordnung entsprechen. Zum anderen gibt es hochwertige, höherpreisige Bio-Waren für den anspruchsvollen, ökologisch bewussten Konsumenten, dem die gesamte Öko-Bilanz eines Produktes wichtig ist und der bereit ist, dafür auch einen entsprechenden Aufpreis zu zahlen. Mit beiden Segmenten können auf dem Markt gute Gewinne erzielt werden. (19)

Große Marktchancen sieht die Edeka Minden-Hannover, die 2006 eine Umsatzsteigerung von 55 Prozent mit Bio-Produkten erreicht hat. Im November 2006 hat die Handelsgruppe deshalb ihr Bio-Sortiment auf 1 040 Artikel vergrößert und die Aktion mit umfangreichen Werbemaßnahmen begleitet. (18)

Während in Deutschland der Verkauf boomt und der Anbau stagniert, trifft man in Italien genau die umgekehrte Situation an. Um 20 Prozent erhöhte sich in Italien die Zahl der Biobauern in 2005. 50 000 Bauern bauen auf 1,1 Millionen Hektar bereits Bio-Produkte an. Die meisten davon werden exportiert in Italien liegt der Anteil am gesamten Lebensmittelumsatz von Bioprodukten bei nur 1,5

Prozent. In Deutschland ist dieser Anteil bei drei Prozent mit schnell steigender Tendenz. (4), (6)

Weiterführende Literatur

(1) Boom Öko-Nahrungsmittel sind gefragt wie nie. Aber: Sind sie wirklich besser? Und: Sind sie auch immer echt?
aus Berliner Kurier Ausgabe Nr. 13 vom 14.01.2007 Seite 39

(2) Warnung vor mehr Bürokratie und Verlust an Rechtssicherheit - Wettbewerbsnachteile für Erzeuger aus der Europäischen Union befürchtet - Biosiegel und Marken der Ökoanbauverbände nicht abwerten - Anhörung im Bundestag
aus Agra-Europe (AgE), 47. Jahrgang Nr. 21 vom 22.05.2006

(3) Die neuen Ökos/
aus Südkurier vom 14.09.2006

(4) Unterreiner, Viktoria, Die Biobauern räumen ihre Bastionen, Welt am Sonntag, 24.12.2006, Nr. 52, S. 24
aus Südkurier vom 14.09.2006

(5) Vom Boom profitieren vor allem die Großen
aus Süddeutsche Zeitung, 15.02.2007, Ausgabe Deutschland, S. 19

(6) Nachholbedarf in Italien

aus Süddeutsche Zeitung, 15.02.2007, Ausgabe Deutschland, S. 19

(7) Zeichen in der Wirtschaft und bei Verbrauchern etabliert - Transparenz und verlässliche Orientierung als Vorzüge - Biomarkt weiter auf Wachstumskurs
aus Agra-Europe (AgE), 47. Jahrgang Nr. 37 vom 11.09.2006

(8) O.V., Ökologischer Landbau in Deutschland, Stand: Januar 2007, Bundesministerium für Ernährung, Landwirtschaft und Verbraucherschutz
aus Agra-Europe (AgE), 47. Jahrgang Nr. 37 vom 11.09.2006

(9) BIO UND DIE KLEINEN PREISE
aus brand eins, Heft 12/2006, S. 112-119

(10) Mit Brief und Siegel
aus Frankfurter Allgemeine Sonntagszeitung, 03.12.2006, Nr. 48, S. 56

(11) Besiegelte Bioqualität...
aus Trierischer Volksfreund vom 31.01.2007

(12) Ruoß, Christiane, Bio-Siegel ist nicht gleich Bio-Siegel, Bonner General-Anzeiger, 20.01.2007, S. 26
aus Trierischer Volksfreund vom 31.01.2007

(13) Hintergrund Wo wirklich Bio drin ist Richtlinien für den Anbau
aus Frankfurter Rundschau v. 23.11.2006, S.37, Ausgabe: R Region

(14) Lindemann: Größeres Interesse an Marktöffnung als an Verbraucheraufklärung - Wettbewerber wollen ihre Ökoerzeugnisse am deutschen Markt platzieren - Europäisches Parlament tut sich mit Verabschiedung einer Stellungnahme schwer
aus Agra-Europe (AgE), 47. Jahrgang Nr. 44 vom 30.10.2006

(15) EU einigt sich auf neue Ökoregelungen
aus afz - allgemeine fleischer zeitung Nr. 01 vom 03.01.2007 Seite 004

(16) Neuer Kompromissentwurf trägt den deutschen Bedenken kaum Rechnung - Bundeslandwirtschaftsministerium kritisiert weiterhin "gravierende Probleme" - DBV sieht erste Erfolge
aus Agra-Europe (AgE), 47. Jahrgang Nr. 46 vom 13.11.2006

(17) Neue EG-Öko-Verordnung Vorhaben präzisieren
aus LEBENSMITTEL PRAXIS NR. 007 VOM 07.04.2006 SEITE 094

(18) Bio-Umsatz soll sich verdoppeln
aus Lebensmittel Zeitung 42 vom 20.10.2006 Seite 009

(19) Alles Bio, aber bitte nicht teuer
aus afz journal Nr. 09 vom 13.09.2006 Seite 014

Impressum

Die EG-Öko-Verordnung - ist Bio auch in Zukunft noch drin, wenn Bio drauf steht?

Bibliografische Information der deutschen Nationalbibliothek

Die Deutsche Nationalbibliothek verzeichnet diese Publikation in der deutschen Nationalbibliografie; detaillierte bibliografische Daten sind im Internet über http://dnb.d-nb.de abrufbar.

ISBN: 978-3-7379-1473-4

© 2015 GBI-Genios Deutsche Wirtschaftsdatenbank GmbH, Freischützstraße 96, 81927 München, www.genios.de

Alle Rechte vorbehalten. Dieses Werk ist einschließlich aller seiner Teile – z.B. Texte, Tabellen und Grafiken - urheberrechtlich geschützt. Jede Verwertung außerhalb der Grenzen des Urheberrechtsgesetzes bedarf der vorherigen Zustimmung des Verlags. Dies gilt insbesondere auch für auszugsweise Nachdrucke, fotomechanische

Vervielfältigungen (Fotokopie/Mikroskopie), Übersetzungen, Auswertungen durch Datenbanken oder ähnliche Einrichtungen und die Einspeicherung und Verarbeitung in elektronischen Systemen.